道具根據位置及形式的擺放差異，象徵著不同的環境和實物，
樂器影響著人物的表現、情境的描繪、氣氛的渲染……

基礎知識、精美圖片、繪畫塗色、劇碼故事
遍覽京劇的祕密花園，本書帶你欣賞傳統藝術

前言

我的一名老徒弟何青賢做京劇的宣講和普及工作已有幾十年，十分成功。她有一位酷愛京劇藝術的好友兼學生叫安平，是一名新聞工作者，更是一位痴迷的京劇研究者和推廣者。

2017 年，安平很有創意地編了一套書，書名就叫「學京劇 · 畫京劇」，目的是使未接觸過京劇的小朋友能從觀感上初步接觸京劇，並在中小學生當中推廣京劇。這套書共包含五本：《生旦淨丑》、《百變臉譜》、《多彩頭面》、《華美服飾》、《道具樂器》，主要以圖片展示為主，同時配有「畫一畫」，讓孩子們在充滿樂趣的填色繪畫中學習京劇；在愉悅的狀態中掌握京劇知識。為了增加知識量，本書還增加了「劇碼故事」，比如：在《多彩頭面》中，講到頭面的簪子時配以「碧玉簪」的故事；在《華美服飾》中，講到蟒袍時配以「打龍袍」的故事，講到鞋靴時配以「寇準背靴」的故事。總之，此書角度新穎，深入淺出，很有情趣。

盼望此書出版後，不僅能幫助中小學生掌握京劇知識，更能成為授課老師的工具書，並對普及京劇工作產生實際作用。

在傳統戲劇大步踏向國際社會的行程中，京劇藝術的推廣和普及是一張充滿斑斕色彩的名片。中國戲曲屬世界第一，也是無可比擬的。因此這一推廣工作是充滿國際意義和歷史意義的大事和好事。安平恰好做了這件好事，因此我要支持她！

謹以此為序。

孫毓敏

前言

開場白

在京劇舞臺上，大大小小的道具和一些簡單裝置統稱為「砌末」，主要包括生活用具、舞臺裝飾、宮廷官府用具、儀仗、交通工具、兵器和旗子等。其中最常用也最好用的道具就是桌子和椅子，比如桌子，飲茶時當茶几，擺上酒杯便是飯桌，陳列筆硯便成書案，放上印匣便是公案，擺出香爐又是供桌香案。桌子和椅子不同位置、不同形式的擺放，代表著不同的環境和實物，「桌子可當山，椅子似牆板，桌椅雙合併，便是城郭顯」。

京劇樂器由管弦樂和打擊樂組成。管弦樂包括京胡、京二胡、月琴、弦子、笛子、笙、嗩吶、海笛等，通常為重唱功的文戲伴奏，因此京劇伴奏中的管弦樂隊也稱為「文場」。打擊樂包括鼓板、大鑼、鐃鈸、小鑼、大堂鼓、小堂鼓等，通常為重武打的武戲伴奏，因此傳統習慣稱打擊樂隊為「武場」。

開場白

目 錄

道具

生活用具

舞臺裝飾

宮廷官府用具

目錄

儀仗

交通工具

兵器

旗

樂器

目錄

道具

生活用具

京劇舞臺上的生活用具主要包括茶具、酒具、文房、金銀、手絹、燈籠、燭臺、棋盤及各式扇子等。

【酒具】

在京劇舞臺上，用酒壺和酒杯表示豐盛的宴席。根據酒具的外觀可判斷人物的身分，龍頭酒壺並貼金為宮廷或王公貴族使用，無雕花的為平民使用。

金龍酒壺酒杯

金酒壺酒杯

銀酒壺酒杯

方形水波紋酒杯

【文房】

於方形盤內，置長方硯臺、煙墨及毛筆，另有驚堂木一塊，用作拍案，以顯示威勢。

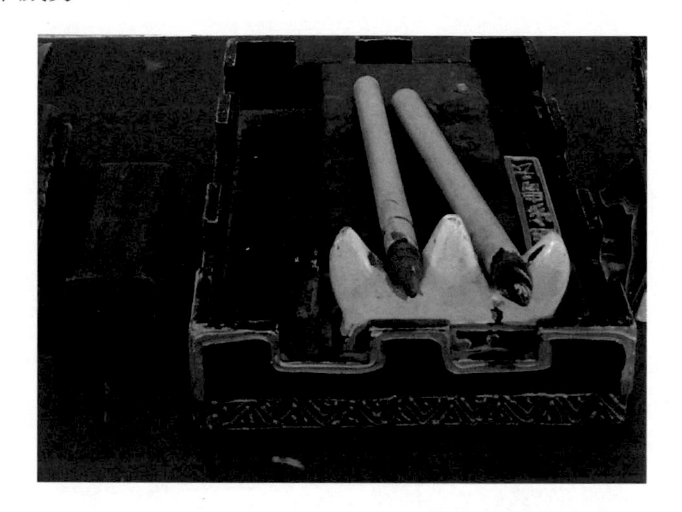

【金銀】

為夾紙貼金箔或銀箔元寶，表示金銀錠。

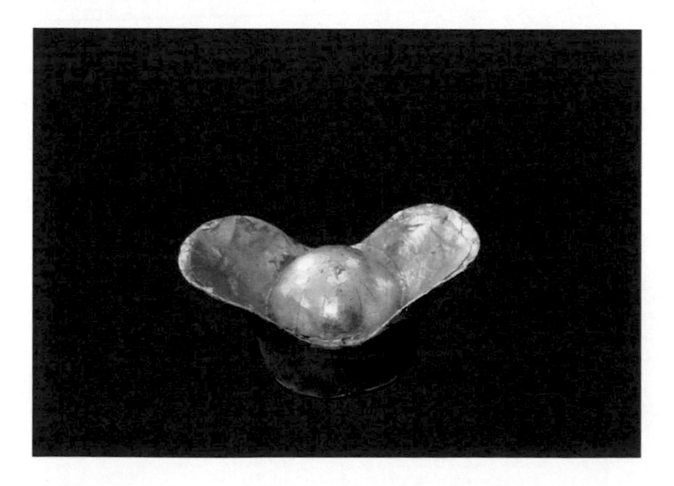

【扇子】

可輔助演員的身段動作，有助於表達劇中人物的性格和喜怒哀樂，有摺扇、團扇、羽扇等。

摺扇

羽扇

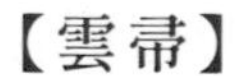

【雲帚】

也叫蠅帚、拂塵、塵尾，多為劇中隱士、僧道、神仙、妖怪所用。有些戲中的太監、丫鬟也用此道具。

【酒罈】

用竹條編成小口大肚的壇形，外塑紙漿，漆成黑青釉色，壇上貼寫有「酒」字的紅紙，下有竹編的底座。

【手絹】

綢質或布質，方形，多為花旦所用，可烘托舞臺氣氛、刻劃人物的性格和內心世界。

【燈籠】

紅綾絹罩面，六角形，上端裝有掛鉤，下端垂黃色絲穗，內插蠟燭，可照明。

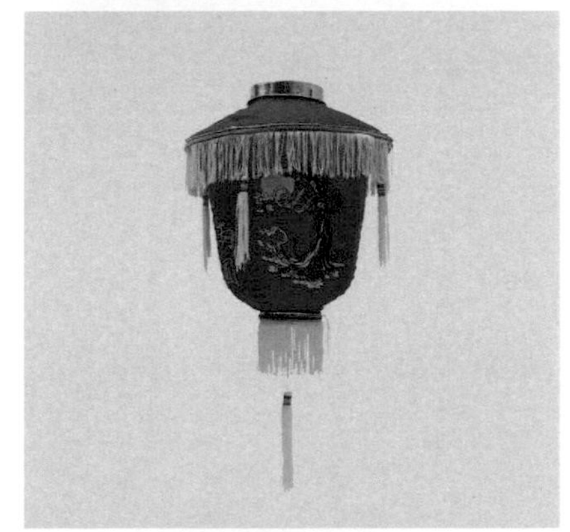

【燭臺】

竹節型木質燈座，橢圓形紗罩，彩繪或紅色罩面，可內燃蠟燭。

【佛珠】

木質道具，每顆直徑約 1.5 公分，為劇中佛教人士所佩戴。

【棋盤】

木質，繪縱橫線條，有的上繪棋子。《棋盤會》、《紅娘》等劇用此道具。

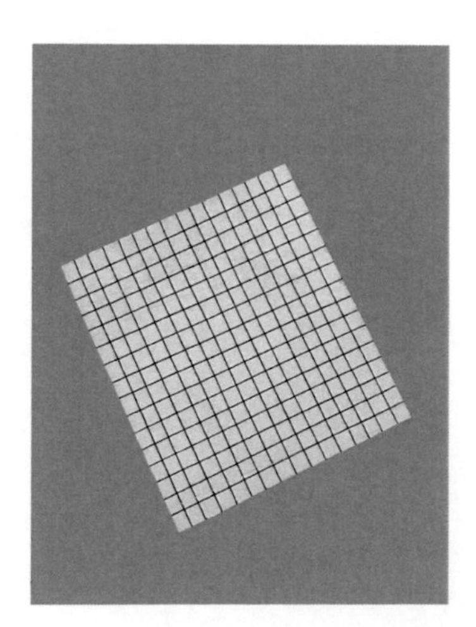

【家法】

竹質，二尺長條窄片，兩條合併，於頂端中間處墊物捆紮為柄，使之相碰時發出聲音，為家訓杖責的工具。《三娘教子》、《春秋配》等劇用此道具。

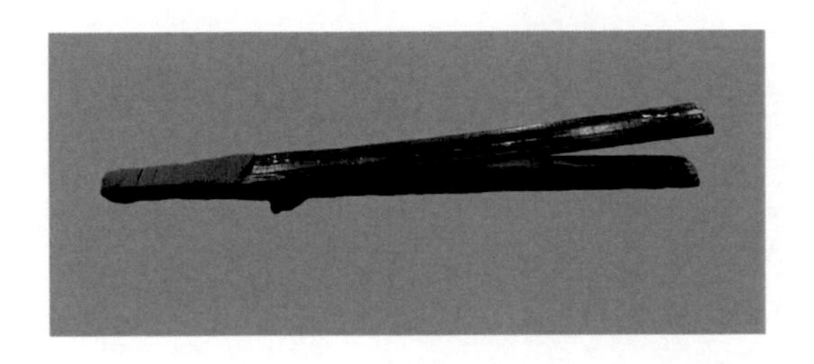

【鎖麟囊】

繡有麒麟的荷包。女兒出嫁上轎前，母親送繡有麒麟的荷包，裝有珠寶首飾，希望女兒婚後早得貴子。京劇《鎖麟囊》即因此道具而稱名。

【畫一畫】

比照圖中的道具，自己來畫一幅吧！

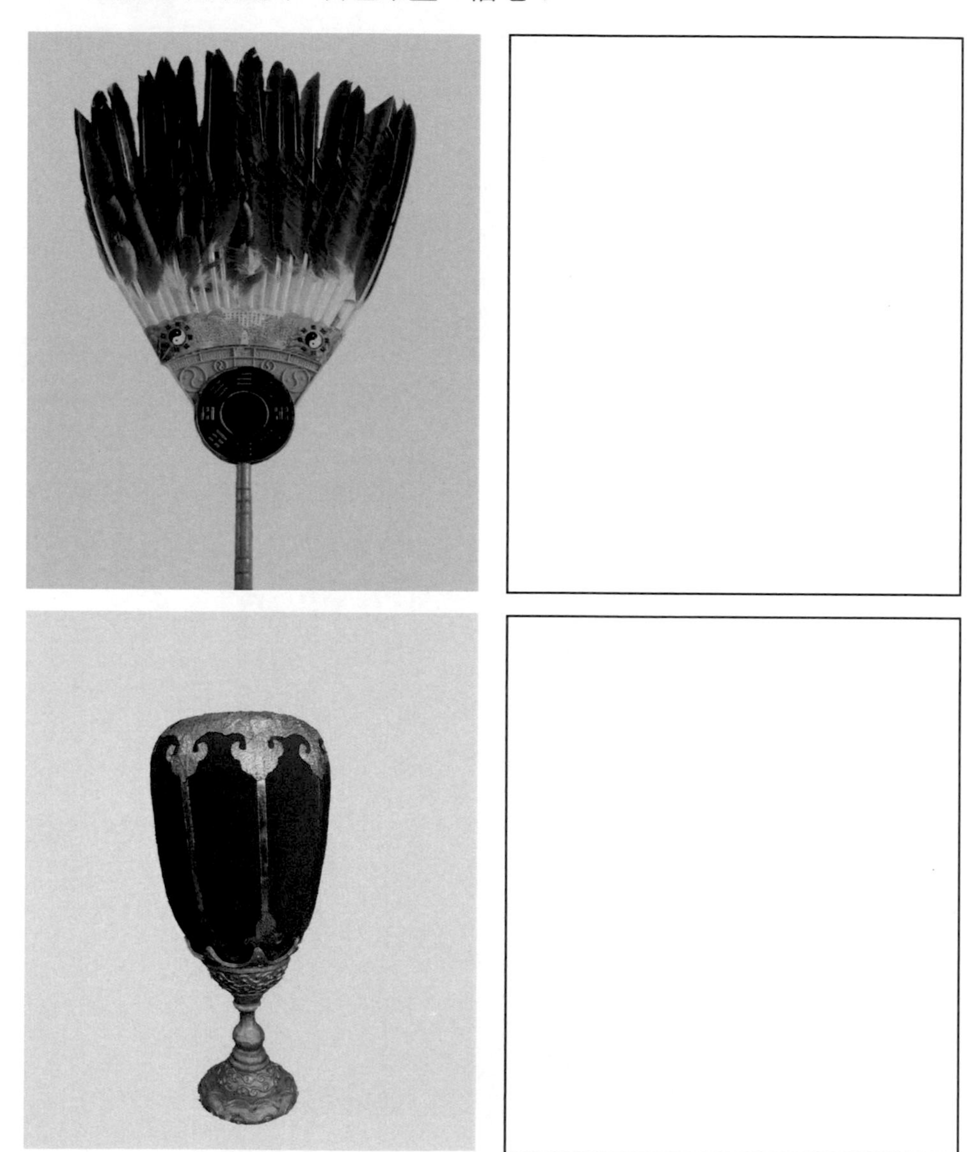

舞臺裝飾

京劇舞臺上基本沒有寫實的物品，大多透過桌椅或實體化的景片來表現。比如：一把椅子既可以做水井、圍牆，又可以表示土坡、書房等；一頂帳子既可以是將帥的營帳，又可以是小姐的繡房。

【桌椅】

桌椅的不同組合和擺法，顯示不同的地點和環境。常用的有一桌二椅、二桌二椅、二桌四椅等組合形式。

【桌帷、椅帔】

綢質，通常繡有盤金花，可渲染氣氛、美化舞臺。不同行當所用顏色不同，生行多用秋香、紅色，旦角則多用粉色、月白色。

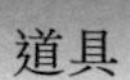

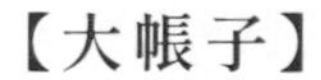

【大帳子】

大型繡花幔帳，有大撩帳子、小撩帳子和雙簾帳子等形式，可代表不同的環境，如中軍大帳、彩樓廳堂、臥室床幔等。

【小帳子】

較大帳子形制略小，不同的顏色用處不同，一般紅小帳作轎子用，黃小帳用於廟堂，白小帳用於靈堂。

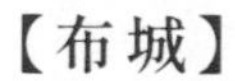

【布城】

高約兩公尺，寬約三、四公尺不等，在舞臺上代表城樓、城牆或城門。《空城計》等劇常用此道具。

【龍屏】

【山石片】

用布繪成山石形，釘於木架上。置於舞臺上，可作為花園的假山石；立於桌前，可代表山嶺、山崖。

【虎形】

虎身為黃色，繪黑色毛紋，額有「王」字。《武松打虎》、《除三害》、《荒山淚》等劇用此道具。

【畫一畫】

比照圖中的道具，自己來畫一幅吧！

宮廷官府用具

宮廷官府用具主要有聖旨、牙笏、帥印、令箭、籤筒、籤條、拶（ㄗㄢˇ）指、魚枷、手銬等。

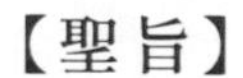

【聖旨】

黃布一卷，繪龍，於中間寫「聖旨」二字。劇中凡宣讀聖旨，均用此道具。

【牙笏】

用玉、象牙或竹片製成的手板，文武大臣上朝時雙手執笏以記錄君命，亦可以將要上奏君王的話記在笏板上，以防止遺忘。

【帥印】

統帥軍隊的大印，是軍權的象徵。

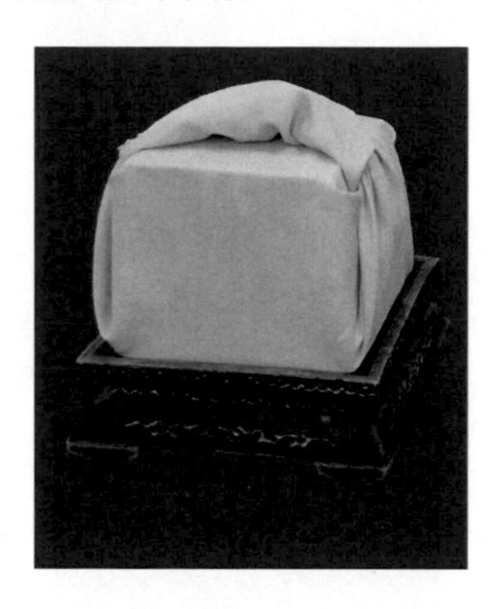

【籤筒、籤條】

籤筒上寬下窄，正面寫有「正堂」二字，底座為正方形。籤條窄長，上端抹雲頭漆紅，下部為白色，用以命令列刑。二者均為木質。

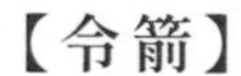

【令箭】

木質，頂端三角形，柄上寬下窄，一色漆金，鑲星形玻璃片，繪龍形圖案，為傳令、授令的象徵。另有漆綠底、繪金龍圖案的令箭。

【魚枷】

木質，魚形，雙扇合一，頭與尾部三圓孔束縛犯人的頸和手，為劇中女犯人所用，如《女起解》、《三堂會審》中的蘇三。

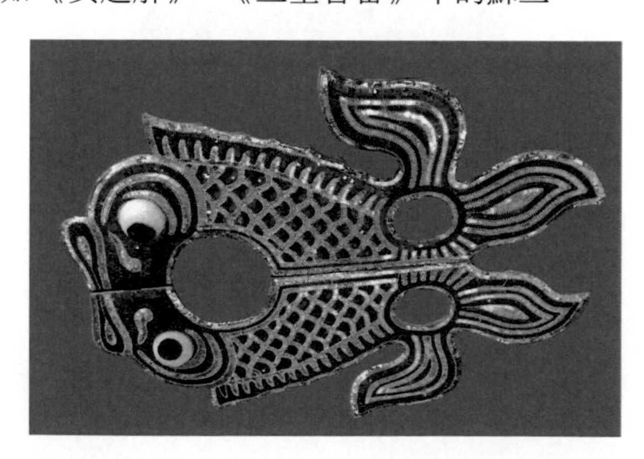

【拶指】

四片木片，各長七寸，貫以繩索，施行時夾住犯人的手，急速收緊，為一種酷刑刑具。

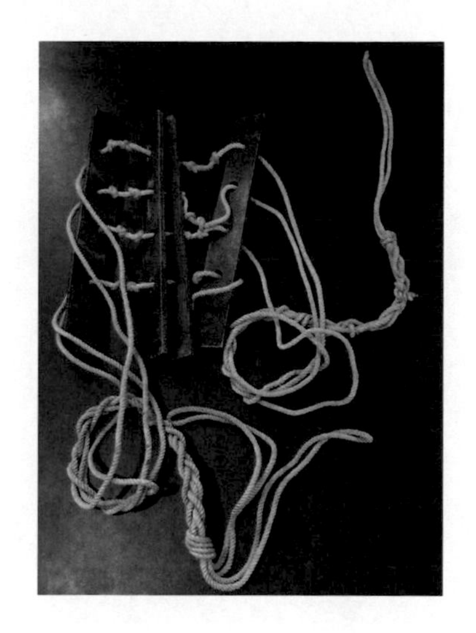

【手銬】

即手梏，銅質鍍白，雙圓孔，束縛犯人的手腕部。也有附加鏈的手梏，如《鎖五龍》中鎖銬單雄信的即是。下圖為女犯人使用的手銬。

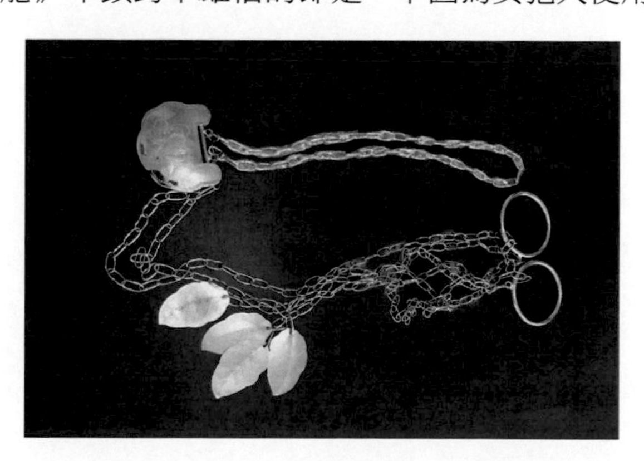

【畫一畫】

比照圖中的道具，自己來畫一幅吧！

儀仗

京劇舞臺上的儀仗有多種，規格最高者為鑾儀，俗稱「鑾駕」，由侍衛、宮女等成對執舉，在皇帝、皇后、貴妃、太子出場時使用。

【掌扇】

鑾駕中的一種。扇面似甜瓜形，約二尺，繡日、月、龍、鳳及海水、雲形圖案，柄約四尺。

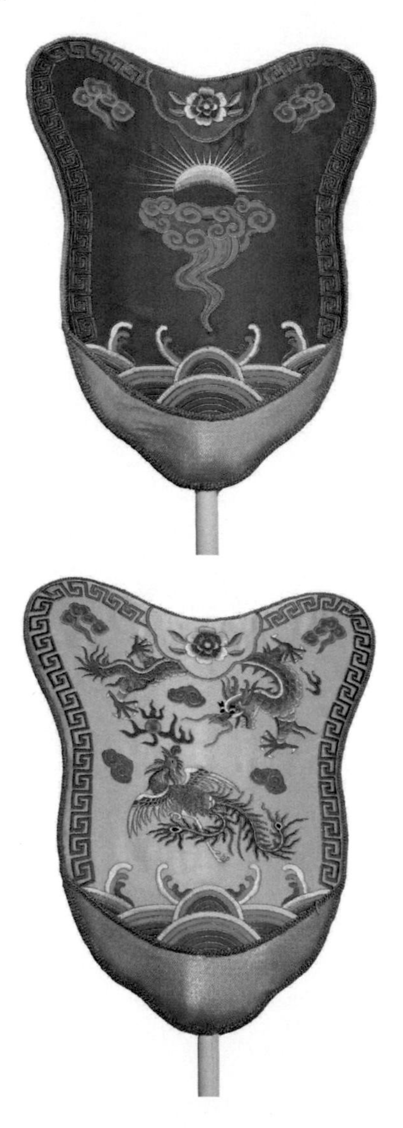

【鉞斧】

鑾駕中的一種。斧漆金或黑色，刃銀色，尾向下彎曲，面飾龍紋，頂部金色槍尖狀，長柄，尾端盤龍鑽。

【朝天鐙】

鑾駕中的一種。頂端上仰，呈馬鐙形，長柄，尾端盤龍鑽，一色漆金。

【金瓜】

鑾駕中的一種。頂端呈鼓棱瓜形，一色漆金，長柄，尾部盤龍鑽。

【提燈】

鑾駕中的一種。宮燈式，八寶飛簷頂，紅色牛角罩，掛彩穗，鐵砂金底，立龍紋，金漆龍頭柄。

【雲羅傘】

也叫黃龍傘，圓傘蓋，黃綢緞面，以金絲、藍絨線刺繡二龍戲珠圖案，長傘柄。專作隨從皇帝的傘蓋。

交通工具

京劇舞臺上的交通工具主要有船槳、馬鞭、車旗，用以代表划船、騎馬和行車。

【船槳】

京劇舞臺上常以鞭代馬、以槳代舟，船槳即代表船或划船。

劇碼故事 —— 秋江

據明代高濂的《玉簪記》傳奇改編而來。女貞觀的道姑陳妙常是一位美麗多情的女子，與觀主的姪子潘必正相互愛慕。觀主怕壞了道觀的清規，逼潘必正前往赴試。陳妙常得知潘必正不辭而別，急切地追趕，來至江邊，僱船渡江。艄公得知她乘船的意圖，假意抬高船價、拖延時間，並與她打趣。為了爭取時間，妙常答應多給船錢，這才順利過江。劇中場景主要發生在江邊和江上的船中，舞臺上的水和船，透過艄公的船槳和兩人的身段配合逼真地表現出來，令觀眾彷彿看到了船行江上的情境。

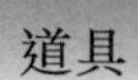

【車旗】

方形，兩個為一對。一種為黃緞，繡有車輪，使用者身分較高；一種為紅布，繪有車輪，大多為押送物品使用。

【馬鞭】

馬鞭代表馬、騎馬或馬鞭本身。其顏色代表馬匹的顏色，不同顏色的馬鞭彰顯著主人的不同身分。

【畫一畫】

比照圖中的道具，自己來畫一幅吧！

兵器

兵器又稱刀槍把子，分長兵器和短兵器兩類。長兵器主要有青龍刀、象鼻刀、三尖兩刃刀、開門刀、霸王槍、大槍等；短兵器主要有單刀、雙刀、腰刀、劍、戟等。

【單刀】

使用較廣泛，凡有開打場面，一般都用單刀。單刀分男女，男單刀刀柄呈梯形，女單刀刀柄呈柳葉形。

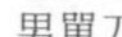

男單刀

女單刀

【腰刀】

鞘為黑色，刀盤、刀柄、刀鞘均有金色漆裝飾物，大多為校尉或隨從使用，如《鍘美案》中的張龍、趙虎。

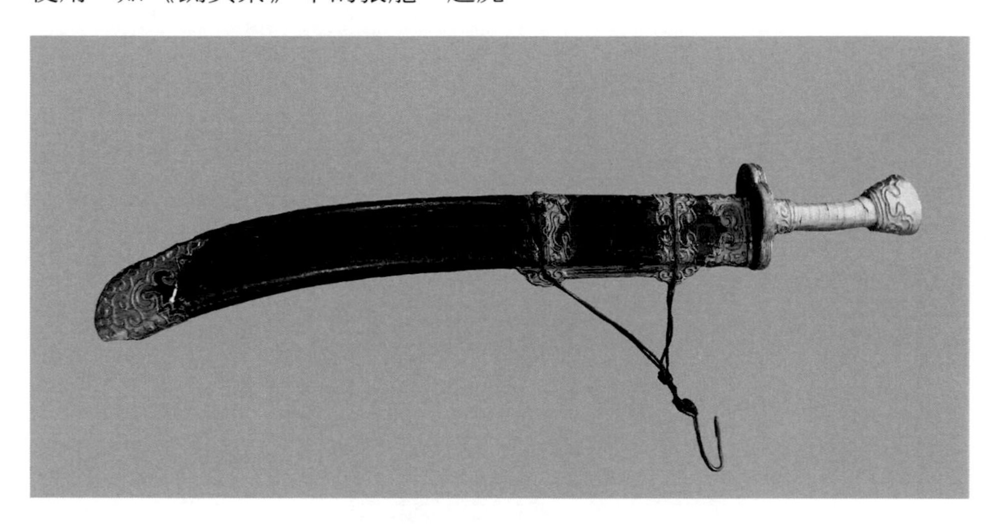

【鬼頭刀】

刀背部為狼牙形，並綴有紅火焰，刀柄頂部為鬼頭，故稱「鬼頭刀」，主要用於神話戲。《鬧天宮》中的青龍、白虎用此刀。

【三尖兩刃刀】

又叫二郎刀，從吞口以上向兩側上方斜至刀頭，形成三尖，金杆，為二郎神楊戩專用。

【象鼻刀】

刀頭為象鼻形，金杆，金刀頭，多為「三國戲」中的黃忠所用，《金沙灘》中的楊繼業、《鳳鳴山》中的趙雲也常用此刀。

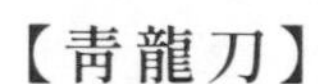

【青龍刀】

又稱青龍偃月刀，刀頭雕有單龍戲珠。為關羽專用。

【開門刀】

四把為一堂，通常為八府巡按以上的文職官員或元帥的隨從在升堂、升帳時使用。

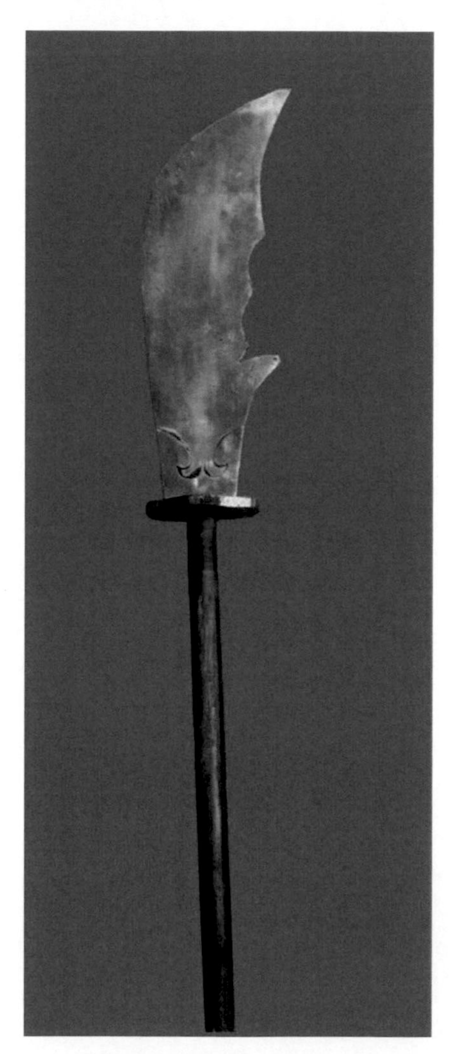

劇碼故事 —— 單刀會

原為元代關漢卿的《關大王獨赴單刀會》，京劇《單刀會》據之改編，成為京劇紅生戲的經典之作。三國時，東吳水軍都督魯肅向西蜀討取荊州，邀請坐鎮荊州的蜀將關羽過江飲宴，設下伏兵，企圖在席上迫使關羽就範。關羽看穿魯肅的用意，攜其青龍偃月刀，僅帶著周倉及隨從數人到東吳赴會。

席間，關羽歷述自己的戰功，並拒絕了魯肅的要求。東吳諸將欲當場動武，關羽一手執劍，一手抓住魯肅，走向江邊。東吳諸將又被周倉用刀架住，關羽、周倉等終於上了船。此時，關羽事先布置的伏軍趕來接應，魯肅只好無奈地看著關羽離去。

【霸王槍】

槍頭中間有盤龍，槍頭為銀，盤龍為金，黑纓，為武藝高強、力大無比者使用，如《霸王別姬》中的項羽。

【大槍】

有金杆、藍白帶杆，大多為紅纓，樣式類似於霸王槍，主要區別為槍頭沒有盤龍紋樣，為武藝高強的將領所用，如《挑滑車》中的高寵。

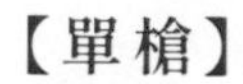

【單槍】

使用廣泛，凡有武打場面時均用。武生多用白纓、白帶單槍；交戰雙方中正方多用白纓、白帶單槍，紅纓、藍帶單槍為敵對方所用。

劇碼故事 —— 槍挑小梁王

北宋徽宗時，武場開科，梁王柴桂賄賂主考張邦昌，謀奪狀元，湯陰岳飛等也來應試。另一主考宗澤，面試岳飛，愛其文韜武略，在考試箭法時，岳飛箭無虛發。柴桂不敢比箭，要求比武。雙方立下生死文約，二人交手時，岳飛槍挑柴桂。張邦昌欲斬岳飛，眾舉子不服，宗澤力主放走岳飛。張邦昌上殿誣奏，徽宗將宗澤削職。宗澤愛才，馳馬追趕岳飛，贈以盔甲，勉其保國。

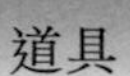

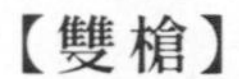

【雙槍】

在單槍的基礎上將槍鑽換成槍頭，槍桿有紅白帶、紅金帶和白帶。白帶雙槍多為武生、武旦使用，如《八大錘》中的陸文龍所用即是。

【藤棍】

藤桿，不加任何裝飾，為《武松打虎》中的武松、《英雄義》中的燕青及解差等使用。

【猴棍】

在藤桿外纏上各種帶子，有紅帶、黃帶、黑黃帶等。銀紅帶棍、黑黃帶棍多為孫悟空所用。

【單劍】

素有「百兵之君」的美稱。由金屬製成，長條形，前端尖，後端安有短柄，兩邊有刃。

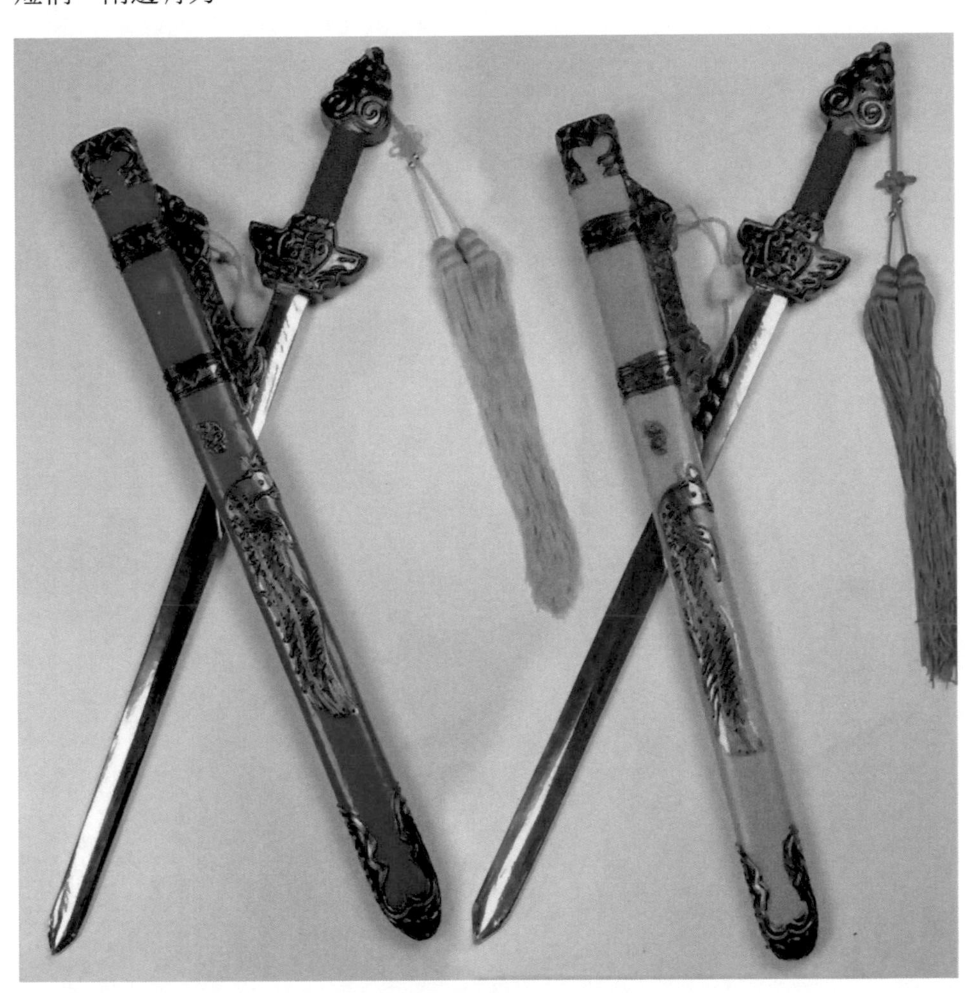

【雙劍】

兩把劍成對使用，樣式、顏色相同。

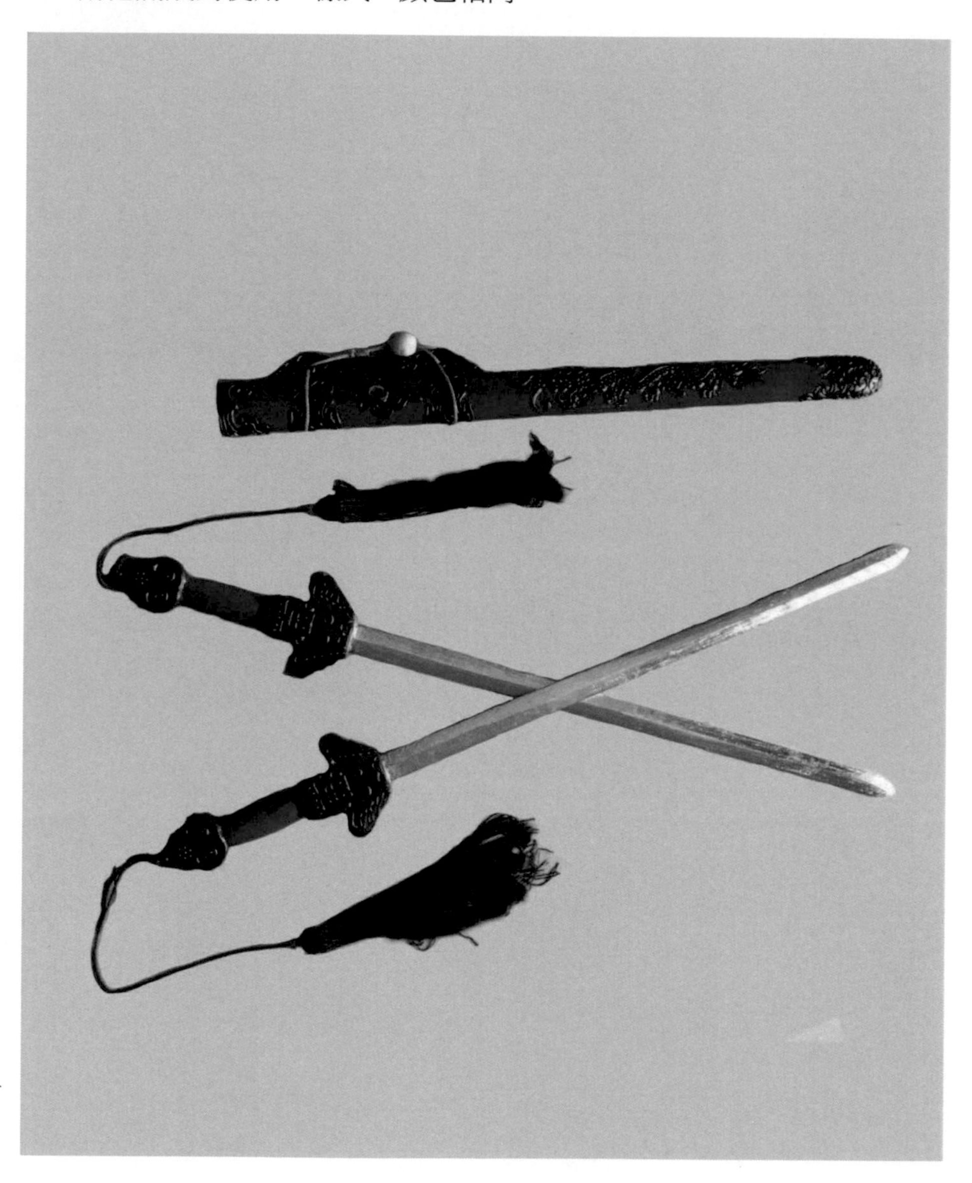

劇碼故事 —— 青霜劍

取材於小說《石點頭 · 侯官縣烈女殉夫》，1924 年由著名詩人、劇作家羅癭公編劇。福建秀才董昌之妻申雪貞長得美貌如花，為富一方的豪紳方世一垂涎三尺，企圖霸占，於是與姚媒婆定計，買通大盜摹倒天誣陷董昌入獄。縣令昏聵，竟將董昌屈打成招，身受斬刑。姚媒婆遂勸說申雪貞改嫁方世一。

申雪貞識破奸謀，假意允婚，將孤子托表姐劉氏撫養。成婚之日於洞房之中，申雪貞以家傳之青霜劍刺死方世一、姚媒婆，提二人首級至董昌墳前哭祭，後自刎殉夫。

【尚方寶劍】

皇帝收藏在「尚方」的劍，持有尚方寶劍的大臣，代表皇權，擁有先斬後奏的權力。

【板斧】

短把，形似大板斧，《穆柯寨》中的孟良、《梁山泊》中的李逵常用此斧。

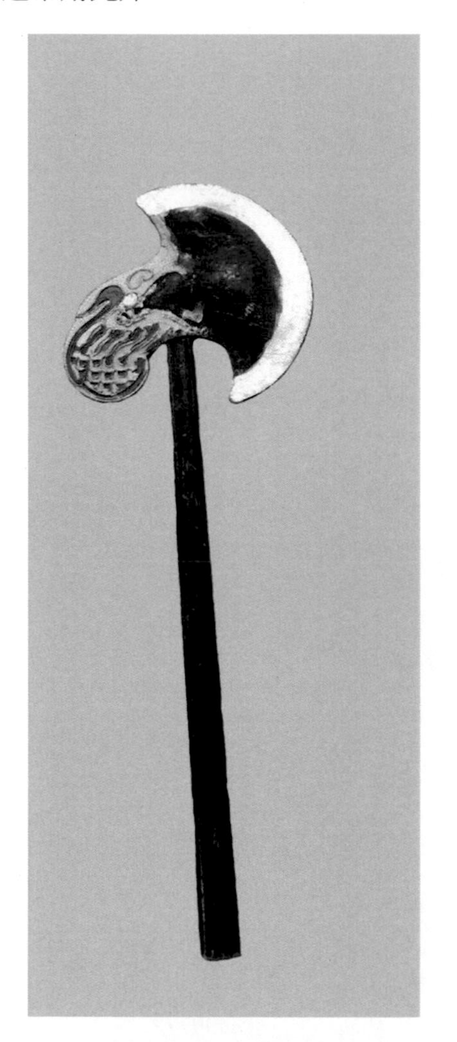

【鬼頭斧】

京劇舞臺上妖魔神怪使用的武器。

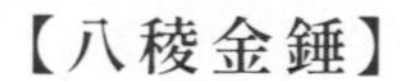

【八稜金錘】

錘的整體由菊花及角紋組成，錘身為赤金色。《八大錘》中的嚴程芳用此錘。

【八稜銀錘】

此錘大多為耍錘和出手時使用。《火燒裴元慶》等戲中使用此錘。

【盤龍錘】

一般將錘頭用紅綢包住，不露錘頭，表示皇帝御賜之物。《二進宮》中的徐延昭使用此錘。

【圓鐵錘】

圓鐵錘分為軟、硬兩種。軟錘為《挑滑車》中的黑風利所用，硬錘為《八大錘》中的狄雷所用。

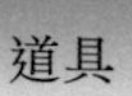

【瓜鍾】

樣式如瓜形，顏色有金、銀兩種。《八大鍾》、《岳家莊》中的岳雲用銀瓜鍾。

【丈八蛇矛】

矛杆長一丈，矛尖長八寸，刃開雙鋒，作遊蛇形狀。擅長用此兵器的有張飛、林沖、陳安等。

【月牙鏟】

長約五尺，一頭為新月牙形，一頭形如倒掛之鐘，尾端兩側各鑿一孔，穿有鐵環，柄粗寸餘，兩頭均可使用。佛教僧人多持之，如魯智深。

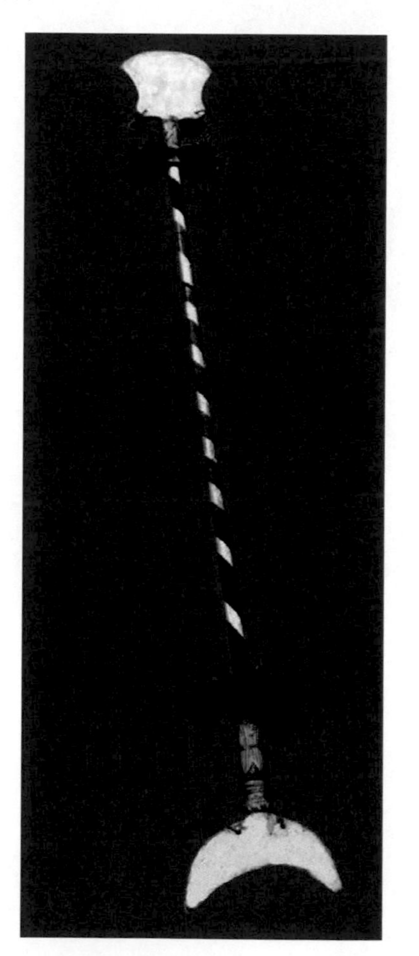

【叉】

長刺武器之一。頂端二股的為「牛角叉」；頂端三股的為「三頭叉」，也叫「三角叉」。

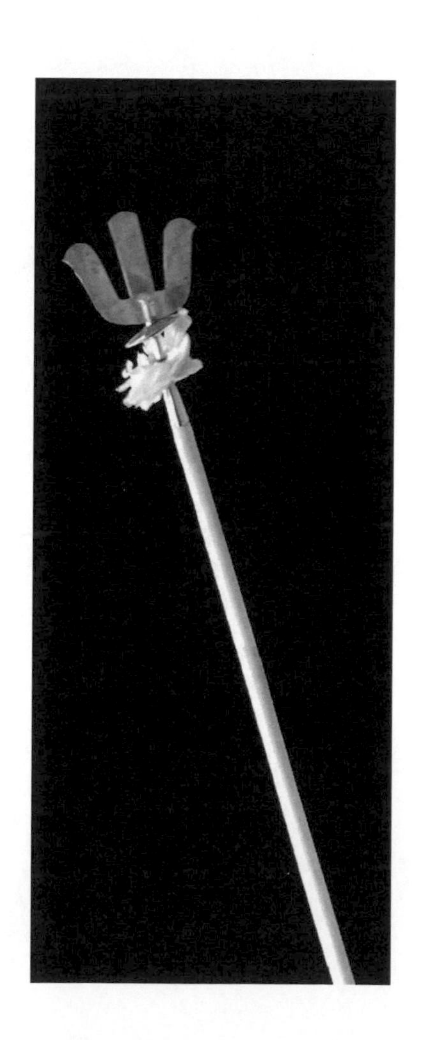

【鐧】

長而無刃，有四稜，金色，屬於短兵器，利於馬戰。鐧的分量較重，為力大之人使用，如《賈家樓》、《九龍杯》中的周應龍、《花蝴蝶》中的鄧車等。

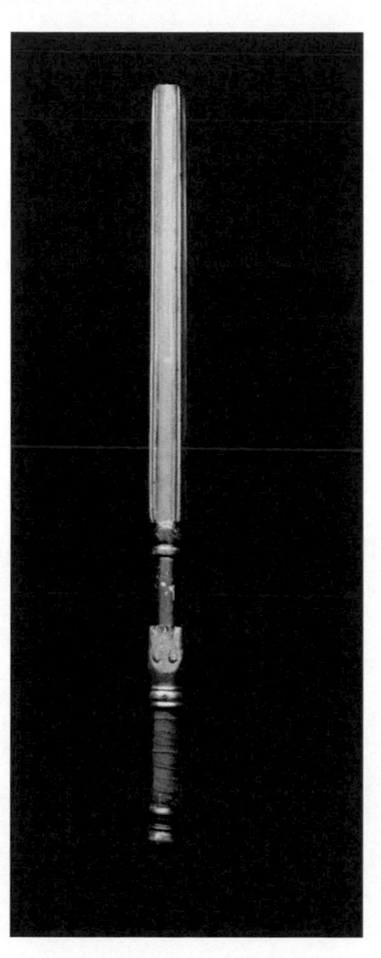

【鞭】

短兵器的一種，有軟、硬之分。硬鞭多為銅質或鐵質，軟鞭多為皮革編製而成，為《鬧天宮》中的趙天君、《白良關》、《御果園》中的尉遲恭等所用。

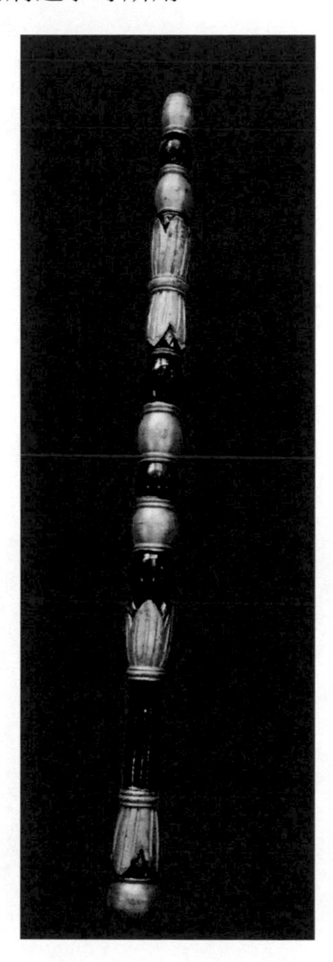

【乾坤圈】

神話人物哪吒的法器之一，可大可小，投擲攻擊，力量巨大，百發百中，可翻江倒海，震盪乾坤。

【弓箭】

弓由有彈性的弓臂和有韌性的弓弦構成。箭包括箭頭、箭杆和箭羽。《草船借箭》、《長阪坡》中的張郃、《雁盪山》中的孟海公、《鐵弓緣》中的匡忠等使用弓箭。

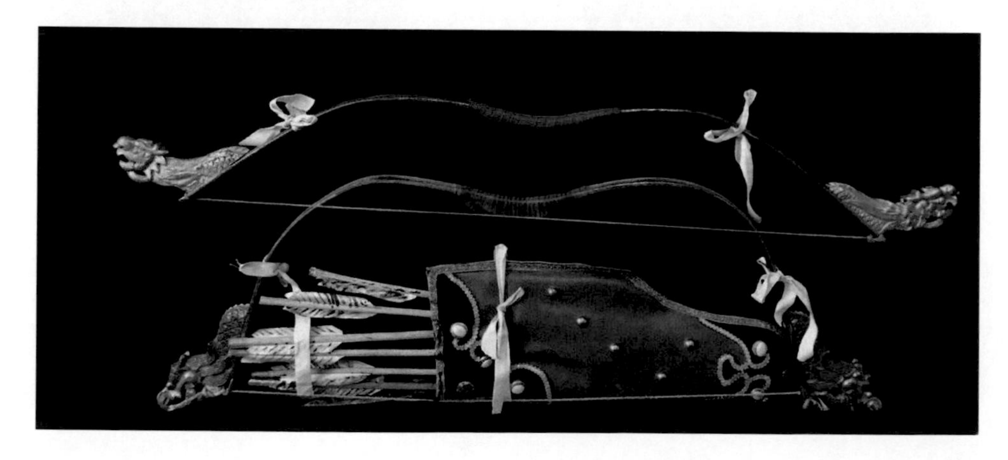

劇碼故事 —— 一箭仇

又名《英雄義》，取材於《水滸傳》。曾頭市的教師史文恭狂妄自傲、助紂為虐，與梁山英雄為敵，一箭射死晁蓋。盧俊義率武松、林沖、李逵、阮氏三雄等兵發曾頭市，欲報射殺晁蓋的一箭之仇。盧俊義、林沖與史文恭是同門師兄弟。盧俊義因念及同師舊誼，乃先拜訪史文恭，曉以大義，勸其替天行道，史文恭斷然拒絕。於是雙方打了起來，白天不分勝負，相約次日再戰。是夜，史文恭率部偷襲梁山營寨，盧俊義早有防備。史文恭中埋伏來到江邊，僱船渡江，被扮成船夫的阮氏三雄擒獲。

【畫一畫】

比照圖中的道具，自己來畫一幅吧！

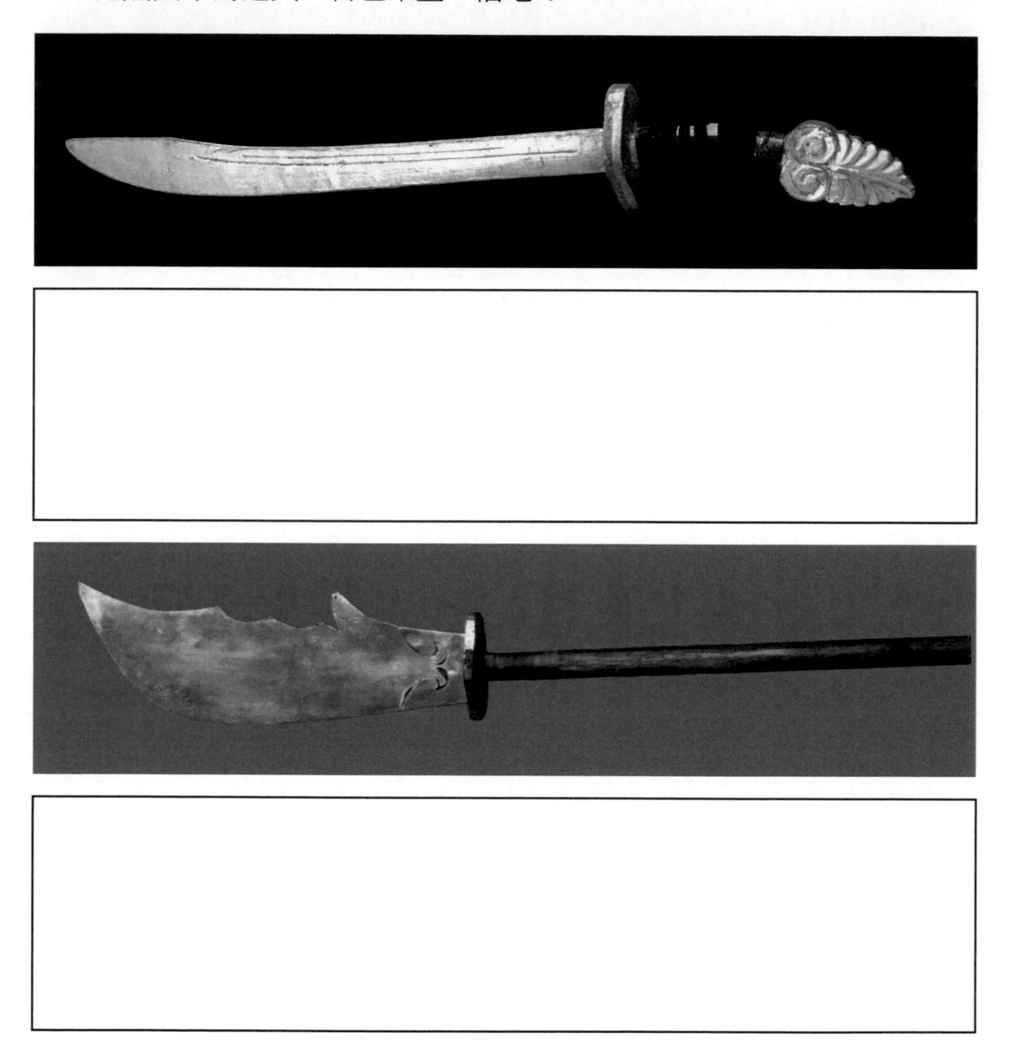

旗

京劇舞臺上的旗應用非常廣泛，種類、形式、顏色較多。旗可以代表千軍萬馬，可以代表風、火、水等作戰環境，可以代表軍隊的番號，還可以表明戰況形勢等。

【報旗】

正方形，四周用紅綢子，中間為白綢子，繡有或寫有「報」字，大多為報子、探子所用。《失街亭》中報告前方戰事狀態時用報旗。

【令旗】

形制同報旗，中間改為「令」字，為元帥發號施令所用。《戰宛城》、《南陽關》、《洪羊洞》等戲多用令旗。

【雲旗】

由紅、黃、藍、白色或紫、淡黃、湖色等各色組成方旗，有的在旗中央繡有雲彩，主要為《鬧天宮》中的小猴使用。

【飛虎旗】

由紅、藍、黃各色組成大方旗，旗中心為白色，繪有飛虎及火焰，通常用四至八面。《蘆花蕩》中張飛的兵士、《漢津口》、《華容道》中關羽的兵士等使用。

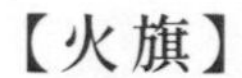

【火旗】

布質或綢質，黃色正方形，旗面繪有火焰，有四面或八面，為龍套共同使用。如《鋸大缸》、《紅桃山》等劇中使用火旗。

【水旗】

布質或綢質，湖色正方形，四至十六面共同使用，為《泗洲城》中的小妖、《白蛇傳》中的水族所用。

劇碼《白蛇傳》 馮金明 攝

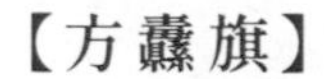

【方纛旗】

長方形，上有一眉子，眉子下端綴有一排線穗，下部周邊有狼牙形，兩側綴有飄帶，有紅、綠、黑、白、粉等色，常為元帥使用。

【斜纛旗】

一般為大將或番將使用，顯示大將或番將姓氏。《打金磚》中的馬武使用紅斜纛旗。

【標旗】

長方形，周邊呈鋸齒形，中心的顏色根據主將或主帥的服飾而定，通常有紅、藍、白色。

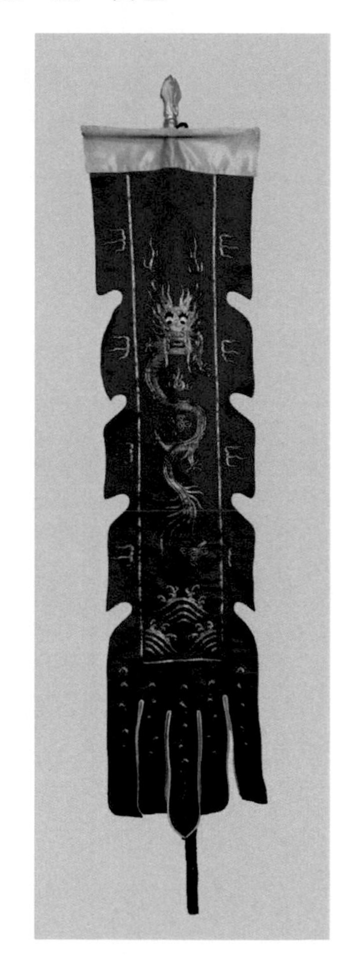

【畫一畫】

比照圖中的道具，自己來畫一幅吧！

樂器

【京胡】

絃樂器，胡琴的一種，主要用於京劇伴奏。形似二胡而較小，琴筒用竹子做成，直徑約 5 公分，一端蒙以蛇皮。演奏時使馬尾弓擦弦而發音，其音剛勁嘹亮。

【京二胡】

京劇文場樂隊的伴奏樂器，音色圓潤而渾厚，音量洪大。其結構和二胡相似，但琴體比二胡稍小，比京胡稍大。

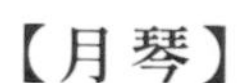

【月琴】

彈撥樂器，聲似珠落玉盤，晶瑩透亮，在伴奏中發揮著表現人物、描寫情境、渲染氣氛、加強戲劇節奏、烘托表演、美化演唱的作用。

【小三弦】

撥絃樂器，三弦之一種，京劇界習稱「南弦子」。在曲調中起節拍作用，是京劇伴奏中主要輔助樂器之一。

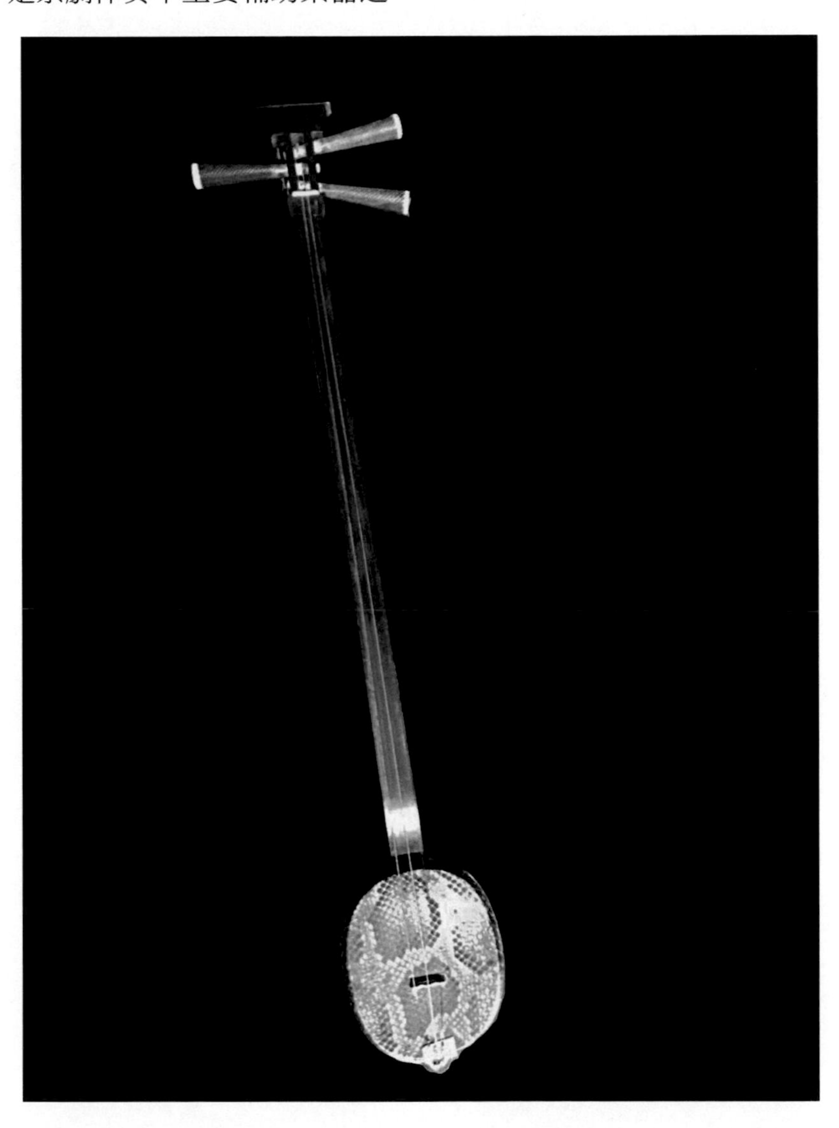

【中阮】

京劇樂隊中的常規伴奏樂器，其聲音柔美、豐厚、音域寬廣。中阮屬中音樂器，大阮屬低音樂器，中阮和大阮填補了京劇樂隊的中音和低音聲部。

【笛】

橫吹管樂器，常用者有梆笛和曲笛兩種。梆笛常用於梆子戲伴奏；曲笛常用於昆曲和京劇。梆笛形體小，音色清脆；曲笛型體大，音色醇厚。

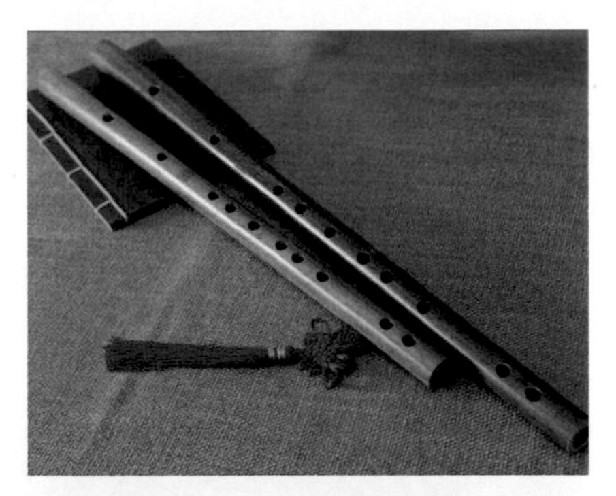

【笙】

簧管樂器，由簧片、笙管、斗子三部分組合而成。在京劇所吸收的昆腔、吹腔以及一些民間雜腔小調中，笙是一件不可或缺的伴奏樂器，主要發揮著融合音色、豐富色彩、托腔保調的作用。

【嗩吶】

簧管樂器，由侵子、木管、碗子三部分組合而成。嗩吶有各種尺寸，名稱也不同，大者名喇叭、大吹，小者名海笛、小青。嗩吶在京劇中常用來烘托渲染發兵、飲宴、慶典等場面的氣氛，以及群吹曲牌時伴奏。

【單皮鼓】

又稱小鼓，是打擊樂和管弦樂的指揮樂器，演奏時用兩根細竹（通稱鼓箭子、鼓簽）來敲擊，各種樂器都隨著它的指揮來演奏。歌唱時輔助板打節奏。

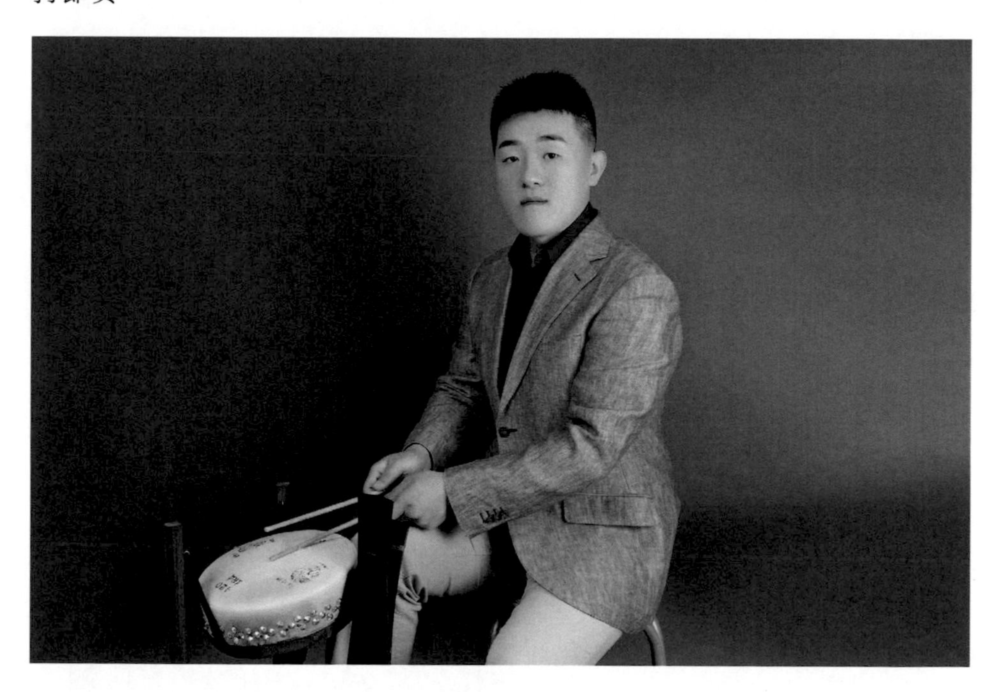

【板】

亦名檀板、拍板，打擊樂器，由三塊寬約 6 公分、長約 20 公分的紅木或黃楊木板製成。分兩組，前組兩塊木板，用弦縛緊，後組一塊木板，二者以繩連接。主要用於歌唱時打節奏，也配合單皮鼓來領奏鑼鼓點子和指揮其他樂器，合稱鼓板。

【堂鼓】

亦名同鼓，打擊樂器，以木為框，形似腰鼓，兩面蒙以牛皮。奏時置於木架上，用木槌敲擊。形制大小不一。京劇用於戰爭、升帳、升堂、刑場、起更等場面。

【大堂鼓】

因形似花盆，俗稱花盆鼓。木質框，面大底小，兩面蒙以牛皮。奏時置於木架上，以鼓棒捶擊發聲，聲音較堂鼓低沉雄壯。用於戰爭場面，能加強氣氛，亦用於曲牌伴奏。為《擊鼓罵曹》和《戰金山》等劇的專用鼓。

【鐃鈸】

打擊樂器，銅質，圓形，中部隆起如半球狀，其徑約占全徑的二分之一，正中有孔，穿繫綢條或布條。以兩片為一副，相擊發聲。在大鑼和小鑼中間加強節奏，並發揮連繫作用。有時也代替大鑼配合某些動作。

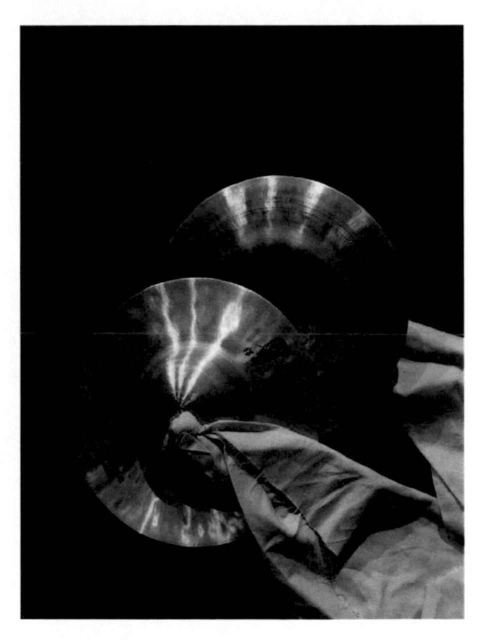

【小鑼】

打擊樂器，銅質，圓形，中部稍突起，直徑約 20 公分。奏時左手食指、拇指掐鑼邊，右手持鑼板（長約 17 公分的竹片），以鑼板下端側面斜稜擊打鑼門或鑼邊而發音，發音清朗。多用於文人、女性或詼諧人物（如丑角）的上下場和配合各種表演上的小動作。

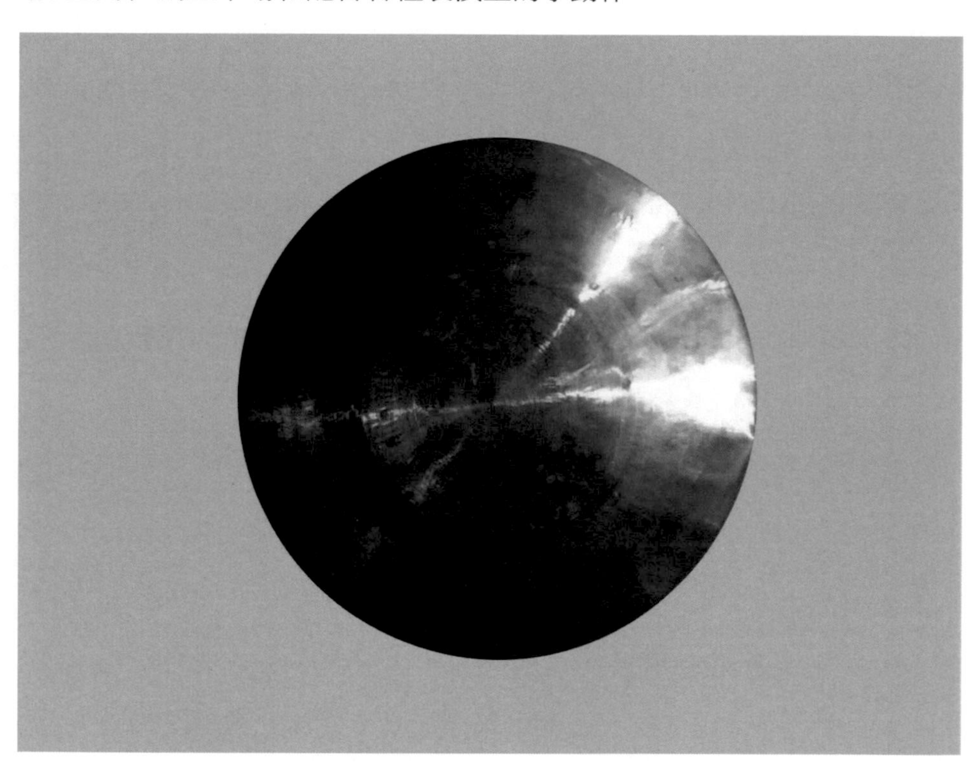

【大鑼】

打擊樂器，銅質，圓形，扁平，直徑約 30 公分，有鑼門、鑼邊兩部分。奏時左手持鑼繩，使鑼面垂直，右手持擊槌，以槌頭擊打鑼門或鑼邊而發音，鑼音高亢。京劇所用大鑼形體較小，稱京鑼。多用於武將或袍帶人物的上下場等。

【畫一畫】

比照圖中的道具，自己來畫一幅吧！

後記

生活當中有書痴、畫痴，有玉痴、木痴，而我卻是一個戲痴。在京劇的自由王國裡，我如痴如醉。在自我陶醉之時，我也迫切渴望與人分享京劇之美，於是我走進校園，舉辦講座、參加演出，進行教學活動，算來已有十餘年之久。

2017 年 7 月，在中國藝術研究院戲曲研究所李志遠老師的啟發和指點下，我斗膽將我的這些「情人」搬了出來，並取名為「學京劇 · 畫京劇」。圖片的查找、拍攝和選用是本書編寫的一大難點。書中所用京劇人物圖片，大多來自「視覺中國」網站，其餘圖片多為作者自己拍攝和京劇界的朋友提供。

在本書即將出版之際，我要特別感謝京劇表演藝術家孫毓敏老師對叢書的認可並為之作序；感謝傅謹教授對叢書提出寶貴的修改意見；感謝彭維、李娟、田寶、白潔和樂隊演奏員在圖片拍攝中給予的幫助和支持！

京劇博大精深，本書只能擇其基本且重要的內容進行展示，在編寫的過程中，不可避免地會存在一些疏漏或錯誤之處，敬請讀者、專家批評指正。

學京劇・畫京劇：道具樂器

編　　著：安平
編　　輯：鄒詠筑
發 行 人：黃振庭
出 版 者：崧燁文化事業有限公司
發 行 者：崧燁文化事業有限公司
E-mail：sonbookservice@gmail.com
粉 絲 頁：https://www.facebook.com/sonbookss/
網　　址：https://sonbook.net/
地　　址：台北市中正區重慶南路一段六十一號八樓 815 室
Rm. 815, 8F., No.61, Sec. 1, Chongqing S. Rd., Zhongzheng Dist., Taipei City 100, Taiwan
電　　話：(02)2370-3310
傳　　真：(02)2388-1990
印　　刷：京峯彩色印刷有限公司（京峰數位）
律師顧問：廣華律師事務所 張珮琦律師

定　　價：375 元
發行日期：2022 年 12 月第一版
◎本書以 POD 印製

國家圖書館出版品預行編目資料

學京劇・畫京劇：道具樂器 / 安平編著 . -- 第一版 . -- 臺北市：崧燁文化事業有限公司 , 2022.12
面；　公分
POD 版
ISBN 978-626-332-931-7(平裝)
1.CST: 京劇 2.CST: 樂器 3.CST: 舞臺設計 4.CST: 舞臺服裝
982.1　　111018786

電子書購買

臉書